생명의 출현

지구상의 생명체는 대략 45억 년 전에 출현했지만 이중 거의 40억년 동안은 주로 박테리아나 조류와 같은 단세포 생물이었다.
그 뒤 캄브리아기를 거치면서 새로운 형태의 생명체들이 등장하였으나 상당수는 얼마 후 사라지고 오늘날 인류와 함께 아직도 존재하고 있는 절지동물이나 연체동물이 지구상에 살고 있는 것이다.
캄브리아기 이후의 시기는 생명체들이 물에 의해 지배되었던 고생대, 거대한 파충류가 지배했던 중생대, 포유류와 조류의 시대인 신생대의 세 시대로 구분된다.

고생대부터 등장한 파충류는 서로 다른 형태로 진화하면서 쥐라기 시대(고생대)에는 지구를 지배한 생명체가 되었다. 작고 민첩한 동물들로부터 거대한 육식공룡, 육중한 초식공룡, 섬세한 익룡 등이 쥐라기 시대의 주인공으로 등장하게 된 것이다. 지구 역사상 쥐라기 시대만큼 과학자뿐만 아니라 일반인에게 관심과 상상력을 사로잡는 시기는 없을 것이다.

자, 이제 그 흥미진진한 쥐라기 공원으로의 여행을 떠나보자.

다리가 긴 악의 조상
프로테로수쿠스

- 이름 : 프로테로수쿠스, 초기 악어의 의미
- 분류 : 초기 조룡 파충류
- 연대 : 2억 4800만 년 전 ~ 2억 4500만 년 전
- 크기 : 길이 3.5미터
- 식성 : 육식성
- 화석 발견지 : 아프리카, 아시아

프로테로수쿠스 두 마리가 강을 건너던 리스트로사우루스를 공격하고 있다. 프로테로수쿠스는 입이 갈고리처럼 생겨서 일단 턱에 걸린 동물들은 도망치는 것이 거의 불가능하다.

거대한 고대 파충류의 최후동물
폴라케리아스

- 이름 : 폴라케리아스
- 분류 : 수궁류(디키노돈트) 파충류
- 연대 : 2억 2100만 년 전 ~ 2억 1000만 년 전
- 크기 : 길이 3.5미터
- 식성 : 초식성
- 화석발견지 : 북아메리카

화석화된 폴라케리아스의 엄니에는 마모 흔적이 남아있는데 이는 폴라케리아스가 엄니를 이용해 땅을 팠음을 의미한다.

몸집이 큰 포스토수쿠스는 강력한 턱과 날카로운 이빨 덕택에 중생대에 출현한 최초의 수퍼 포식자 중 하나가 되었다. 포스토수쿠스는 혼자 생활하는 포식자로, 경쟁 상대에게 공격적인 태도를 취했을 것이다.

공룡 사냥꾼
포스토수쿠스

- 이름 : 포스토수쿠스
- 분류 : 조룡류 파충류
- 연대 : 2억 7000만 년 전 ~ 2억 1000만 년 전
- 크기 : 길이 5미터
- 식성 : 육식성
- 화석 발견지 : 북아메리카

가장 오래된 작은 육식공룡
코엘로피시스

- 이름 : 코엘로피시스
- 분류 : 수각류(코엘로사우루스) 공룡
- 연대 : 2억 2700만 년 전 ~ 2억 1000만 년 전
- 크기 : 길이 3미터
- 식성 : 육식성
- 화석 발견지 : 북아메리카

코엘로피시스는 굶주림을 면하기 위해 동족도 잡아먹었다. 이 작은 육식공룡들이 모여 있으면 다른 동물들이 다가서지 못한다.

털이 있는 포유류의 조상
프리낙소돈

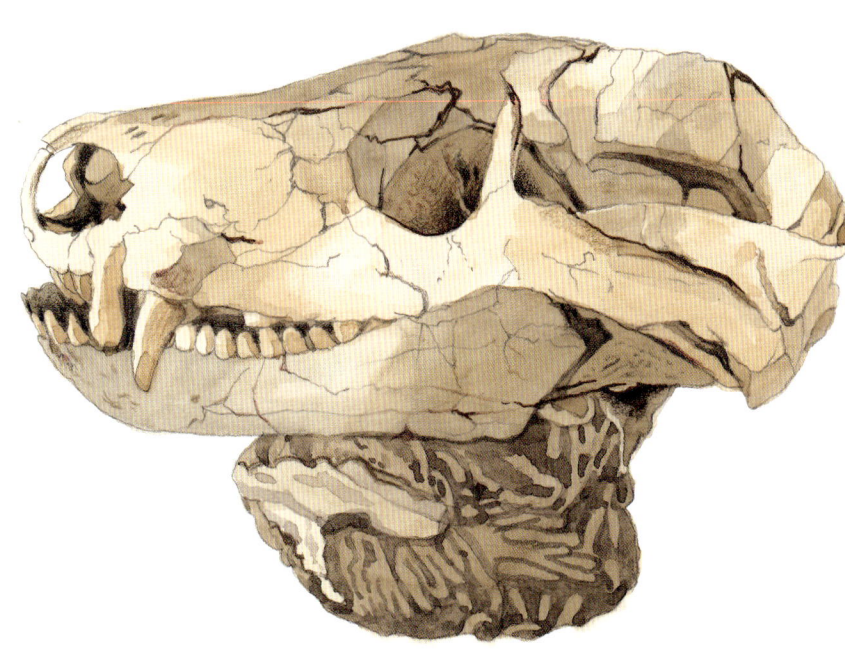

- 이름 : 프리낙소돈, '세 갈래 이빨'을 뜻함
- 분류 : 수궁류(키노돈트) 파충류
- 연대 : 2억 4800만 년 전 ~ 2억 4500만 년 전
- 크기 : 길이 50센티미터
- 식성 : 육식성
- 화석 발견지 : 아프리카, 남극

남아프리카에서 완벽하게 보존된 상태로 발견된 키노돈트류인 프리낙소돈의 두개골에는 분화된 이빨과 독특한 아래턱 등과 같은 포유류적 특징들이 분명히 드러나 있다. 새끼 프리낙소돈이 어미의 젖을 빨고 있다.

날아다니는 작은 파충류
페테이노사우루스

- 이름 : 페테이노사우루스, '날개 달린 도마뱀'을 뜻함
- 분류 : 익룡류 파충류
- 연대 : 2억 2100만 년 전 ~ 2억 100만 년 전
- 크기 : 날개폭 60센티미터
- 식성 : 식충성
- 화석발견지 : 유럽

작은 익룡들은 한낮의 태양으로 인한 체온 상승을 방지하려고 머리를 물에 담가 열을 식혔다. 페테이노사우루스 한 마리가 나한송 그늘 아래 매달려서 바늘처럼 뾰족하고 날카로운 이빨의 사정거리 안에 걸려든 곤충이 없는지 하늘을 살피고 있다.

최초의 거대공룡
플라테오사우루스

- 이름 : 플라테오사우루스, '편평한 파충류'를 뜻함
- 분류 : 원시 용각류 공룡
- 연대 : 2억 2100만 년 전 ~ 2억 1000만 년 전
- 크기 : 길이 8미터
- 식성 : 초식성
- 화석 발견지 : 유럽

플라테오사우루스는 기린과 거의 같은 높이에서 나뭇잎을 뜯어 먹을 수 있었다. 다 자란 플라테오사우루스 두 마리가 나무 사이로 지나가고 있다. 이 온순한 초식공룡은 삼첩기의 지구에서 가장 큰 육지동물들로, 몸무게가 4톤 이상이나 되는 엄청나게 큰 몸집덕에 거의 상대할 적수가 없었다.

가장 긴 공룡
디플로도쿠스

- 이름 : 디플로도쿠스, '두 개의 기둥을 가진 파충류'를 뜻함
- 분류 : 용각류(디플로도쿠스류) 파충류
- 연대 : 1억 5400만 년 전 ~ 1억 4400만 년 전
- 크기 : 길이 28미터
- 식성 : 초식성
- 화석 발견지 : 북아메리카

디플로도쿠스 꼬리 끝은 매우 길고 가늘어서 일부 학자들은 디플로도쿠스가 꼬리를 생가죽 채찍처럼 방어용으로 사용했다고 믿는다. 디플로도쿠스 무리의 선두 그룹이 소철숲에 다가가고 있다. 나무들은 새로 자라나 이제 막 생기를 띠기 시작했으며, 이 거대한 초식공룡들은 신선한 새잎을 먹으려고 숲을 들쑤셔 놓을 것이다.

새와 비슷한 공룡
오르니톨레스테스

- 이름 : 오르니톨레스테스, '새도둑' 이라는 뜻
- 분류 : 수각류(코엘루로사우루스류) 공룡
- 연대 : 1억 5400만 년 전 ~ 1억 4400만 년 전
- 크기 : 길이 2.5미터
- 식성 : 육식성
- 화석 발견지 : 북아메리카

시조새에서 발견된 파충류적 특징 때문에 학자들은 처음으로 조류와 공룡이 가까운 관계라는 생각을 갖게 되었다. 과시를 위한 비늘장식을 자랑하고 있는 이 암컷 오르니톨레스테스는 코르디예라의 숲에서는 흔한 포식자이다. 몸길이가 단지 2미터에 불과하며 주로 포유류나 도마뱀을 잡아먹고 살지만 새끼 공룡들에게는 위협적인 존재였다.

가시돋친 꼬리로 유명한 초식공룡
스테고사우루스

- 이름 : 스테고사우루스, '덮여진 파충류'를 의미
- 분류 : 조반류(스테고사우루스류) 공룡
- 연대 : 1억 5400만 년 전 ~ 1억 4400만 년 전
- 크기 : 길이 9미터
- 식성 : 초식성
- 화석 발견지 : 북아메리카

스테고사우루스는 몸집에 대비하여 뇌 크기가 가장 작은 공룡이다. 스테고사우루스 화석은 빅토리아 시대의 학자들에게 놀라움의 대상이었고 대중에게는 기쁨을 주는 흥밋거리였다. 심지어 이 공룡은 아서 코난 도일 경의 〔잃어버린 세계〕에서 중요한 역할을 맡게 된다. 가시가 돋은 꼬리는 무거웠을 테지만 방어수단으로 대단히 유용했다.

알로사우루스는 디플로도쿠스와 같은 큰 공룡도 사냥했다. 이 때는 다른 알로사우루스와 무리를 지어 협력하기도 하지만 때로는 같은 무리끼리도 사투를 벌이기도 한다. 알로사우루스는 〔잃어버린 세계〕에서 최상위 포식자로 등장한다.

쥐라기 후반기 최대의 포식자
알로사우루스

- 이름 : 알로사우루스, '다른 도마뱀'을 뜻함
- 분류 : 수각류(카르노사우루스류) 공룡
- 연대 : 1억 5400만 년 전 ~ 1억 4400만 년 전
- 크기 : 길이 12미터
- 식성 : 육식성
- 화석 발견지 : 북아메리카, 유럽

코끼리 스무마리의 체중과 맞먹는
브라키오사우루스

- **이름** : 브라키오사우루스. '팔 파충류'를 의미
- **분류** : 용각류(브라키오사우루스류) 공룡
- **연대** : 1억 5500만 년 전 ~ 1억 2000만 년 전
- **크기** : 길이 23미터
- **식성** : 초식성
- **화석 발견지** : 아프리카, 북아메리카

쥐라기 말기의 거대한 공룡인 브라키오사우루스는 디플로도쿠스보다 키는 작았지만 몸무게는 다섯 배가 넘어 80톤이나 되었고 키는 12미터가 넘었다. 과거에 학자들은 브라키오사우루스가 자신의 엄청난 무게를 지탱하기 위해서 물속에서 살았다고 생각했다. 그러나 이것은 물리적으로 불가능하다. 왜냐 하면 폐에 가해진 수압으로 인해 숨을 쉬지 못했을 것이기 때문이다.

물고기를 사냥하는 우아한 파충류
크립토클리두스

- 이름 : 크립토클리두스, '숨겨진 쇄골'을 뜻함
- 분류 : 플레시오사우루스류 파충류
- 연대 : 1억 6400만 년 전 ~ 1억 5500만 년 전
- 크기 : 길이 4미터
- 식성 : 육식성
- 화석 발견지 : 유럽, 남아메리카

이 크립토클리두스는 다른 대부분의 플레시오사우루스류처럼 먹이를 잡기 위해 속도와 기습공격을 이용한다. 이들은 가끔 바다에서 노니는 호기심과 장난기가 많은 동물(현재의 물개와 비슷)로 그려진다.

쥐라기의 갈매기
람포린쿠스

- 이름 : 람포린쿠스, '부리코'를 의미
- 분류 : 익룡류 파충류
- 연대 : 1억 7000만 년 전 ~ 1억 4400만 년 전
- 크기 : 날개폭 1.8미터
- 식성 : 육식성
- 화석 발견지 : 유럽, 아프리카

람포린쿠스의 이빨은 미끄러운 물고기를 잡는데 알맞게 생겼다. 람포린쿠스는 익룡으로서는 가장 몸집이 작았다. 바다 근처에서 생활하며 수면 위로 낮게 급강하여 순식간에 물고기를 낚아채는 방식으로 사냥을 한다. 날카로운 원뿔형 이빨 끝이 앞쪽에 있기 때문에 일단 잡힌 물고기는 빠져 나갈 수 없었다. 화석에는 소화를 위해 육지로 돌아오기 전에 잡아 놓은 여분의 물고기를 넣어 두던 목주머니가 관찰되었다.

해변의 육식동물
에우스트렙토스폰딜루스

- 이름 : 에우스트렙토스폰딜루스
- 분류 : 수각류(카르노사우루스류) 공룡
- 연대 : 1억 6400만 년 전 ~ 1억 5900만 년 전
- 크기 : 길이 5~7미터
- 식성 : 육식성
- 화석 발견지 : 유럽

에우스트렙토스폰딜루는 중간 크기의 수각류 공룡으로 섬에서 살았을 가능성이 크고 헤엄도 잘 쳤을 것이다. 섬에는 먹이도 풍부했지만 가끔 서로 싸우기도 한다.

전 시대를 통틀어 가장 큰 해양 사냥꾼
리오플레우로돈

- 이름 : 리오플레우로돈, '옆면이 부드러운 이빨'을 뜻함
- 분류 : 플레시오사우루스류 파충류
- 연대 : 1억 6000만 년 전 ~ 1억 5500만 년 전
- 크기 : 길이 최소 25미터
- 식성 : 육식성
- 화석 발견지 : 유럽, 중앙 아메리카

리오플레우로돈의 입 크기는 티라노사우루스의 입보다 세 배가 크다. 리오플레우로돈의 골격을 보면 폴리오사우루스류의 두드러진 특징을 볼 수 있다.
아래쪽에 골판들이 있어 몸체가 한층 더 강력하다.
거대한 리오플레우로돈 수컷이 옵탈모사우루스를 공격하려고 한다. 이 옵탈모사우루스는 길이가 3미터가 넘지만 이 거대한 포식자에 비하면 작게 보일 뿐이다.

공룡대탐험 | 37

비행기 크기 만한
오르니토케이루스

- 이름 : 오르니토케이루스, '새를 닮은 앞발'을 뜻함
- 분류 : 익룡류 파충류
- 연대 : 1억 4000만 년 전 ~ 7000만 년 전
- 크기 : 날개폭 최고 12미터
- 식성 : 육식성
- 화석 발견지 : 유럽, 아프리카, 오스트레일리아, 남아메리카

오르니토케이루스는 크기는 비행기만큼 컸지만 뼛속이 비어 있기 때문에 무게는 사람보다 덜 나갔을 것이다. 거대한 오르니토케이루스가 저녁 노을의 따뜻한 기류를 이용해 편안하게 하늘 높이 날아오르고 있다. 이 익룡은 날개를 한번 퍼덕거려서 50킬로미터 이상을 날기도 한다.

이구아노돈은 학문적으로 규명된 두 번째 공룡이다. (첫번째는 메갈로사우루스) 이구아노돈 한쌍이 물을 마시고 있다. 완전히 다 자란 이구아노돈은 방어용의 긴 엄지 발톱이 확실하게 눈에 띈다. 초목을 잘라 소화가 잘 되도록 잘게 씹을 수 있었다. 목이 길어 높은 나무의 먹이에도 닿았다.

엄지손가락이 대못같은 초식동물
이구아노돈

- **이름** : 이구아노돈, '이구아나의 이빨'을 뜻함
- **분류** : 조반류(조각류) 파충류
- **연대** : 1억 4000만 년 전 ~ 1억 1200만 년 전
- **크기** : 길이 10미터
- **식성** : 초식성
- **화석 발견지** : 유럽, 아시아, 북아메리카

폴리칸투스는 서 있을때 키가 1미터밖에 안 되는 몸집이 작은 공룡이었지만 단단한 갑옷 때문에 몸무게는 1톤이 넘었다. 폴라칸투스 한 마리가 한가롭게 노닐고 있다. 이렇게 갑옷을 두른 공룡들은 가공할 방어무기들을 가지고 있었다. 몸의 양 옆으로 가시들이 줄줄이 돋아 있을 뿐 아니라 포식자들의 공격 부분인 등부는 얇고 딱딱한 골판으로 덮여 있다.

장수같이 갑옷을 두른 초식동물
폴라칸투스

- 이름 : 폴라칸투스, '다수의 가시'를 의미
- 분류 : 조반류(안킬로사우리아) 공룡
- 연대 : 1억 3700만 년 전 ~ 1억 2100만 년 전
- 크기 : 길이 4미터
- 식성 : 초식성
- 화석 발견지 : 유럽

낫 모양의 발톱으로 무장한 우아한 사냥꾼
유타탑토르

- 이름 : 유타탑토르, '유타의 도둑'을 뜻함
- 분류 : 수각류(코엘루로사우루스류) 공룡
- 연대 : 1억 2700만 년 전 ~ 1억 2100만 년 전
- 크기 : 길이 6미터
- 식성 : 육식성
- 화석 발견지 : 북아메리카

영화〔쥐라기공원〕이 제작되고 있는 중에 유타탑토르가 발견되어, 이 영화에서 벨로키랍토르류 공룡들이 지나치게 크게 묘사된 점을 정당화하는 데 큰 도움이 되었다. 유타탑토르 한 마리는 사냥감의 내장을 먹고 있고 다른 한 마리는 주의를 게을리 하지 않고 사방을 살피고 있다. 그의 사냥도구인 낫처럼 생긴 발톱과 먹잇감을 꽉 거머쥘 수 있는 기다란 앞발이 드러나 있다. 섰을 때의 높이가 거의 2미터에 이른다.

신비스러운 남극지방의 작은 공룡
레아엘리나사우라

- **이름** : 레아엘리나사우라 '리엘린의 파충류'를 의미
- **분류** : 조반류(조각류) 공룡
- **연대** : 1억 1200만 년 전 ~ 9900만 년 전
- **크기** : 길이 2미터
- **식성** : 초식성
- **화석 발견지** : 오스트레일리아

레아엘리나사우라는 불과 몇 주일밖에 안 되는 극지방의 여름 동안 알을 낳고 새끼를 키웠다. 이 기간에는 주로 어미나 무리의 다른 구성원들이 토한 초목을 먹이로 삼는다. 레아엘리나사우라라는 이름은 이 공룡을 발견한 톰 리치의 딸인 리엘린의 이름을 따른 것이다.

아시아 지역의 티라노사우루스
타르보사우루스

- 이름 : 타르보사우루스, '겁을 주는 파충류'를 의미
- 분류 : 수각류(티라노사우루스류) 공룡
- 연대 : 7600만 년 전 ~ 6500만 년 전
- 크기 : 길이 12미터
- 식성 : 육식성
- 화석 발견지 : 아시아

타르보사우루스가 나무 고사리 밑에 매복하고 사냥감을 주시하고 있다. 눈이 머리의 옆에 달려 있어서 사방을 볼 수 있는 시력을 가지고 있어서 움직이지 않고 가만히 서서 먹이를 지켜보고 있다. 티라노사우루스와 매우 가까운 친척 관계다.

거대한 발톱을 자랑하는
테리지노사우루스

- 이름 : 테리지노사우루스, '낫 파충류'를 의미
- 분류 : 수각류(테리지노사우루스류) 공룡
- 연대 : 7500만 년 전 ~ 7000만 년 전
- 크기 : 길이 10~12미터
- 식성 : 초식성
- 화석발견지 : 아시아

길이가 거의 1미터에 달했던 테리지노사우루스의 발톱은 지금까지 알려진 동물 발톱 중 가장 컸다. 발견되었을 당시 학자들은 이 공룡의 커다란 발톱을 거북의 갈비뼈로 오판했다. 사막(현재 몽골의 고비 사막)에 버티고 서서 거대한 발톱을 휘두르며 위용을 자랑하고 있다.

독특한 울음소리로 동료를 부르는
무타부라 사우루스

- 이름 : 무타부라 사우루스
- 분류 : 조반류 공룡
- 연대 : 1억 1500만 년 전 ~ 8500만 년 전
- 크기 : 길이 8미터
- 식성 : 초식성
- 화석 발견지 : 오스트레일리아

무타부라사우루스는 이구아노돈과 아주 먼 친척뻘로 육중한 뒷다리와 좀 더 작은 앞다리를 가지고 있지만 일반적으로 네 다리를 모두 사용해 걷는다. 큰 수컷의 경우에는 길이가 8미터나 되고 피부 색깔은 옅은 녹색이다. 그러나 무타부라사우루스의 가장 큰 특징은 확장되는 〔매부리코〕로서, 오렌지색을 띈 코 양쪽의 주머니를 이용해 독특한 울음소리를 내어 무리들과 의사소통을 한다는 것이다. 1981년 오스트레일리아의 무타부라 근처에서 화석이 발견되었다.

사회성이 좋은 초식공룡이다. 전형적인 뿔달린 공룡으로서, 얼굴에는 초목을 뜯는데 적합한 강력한 부리와 세 개의 뿔이 나 있으며 독특한 점은 공룡들 중에서 가장 큰 과시용 볏을 가졌다는 것이다. 토로사우루스의 두개골은 육상동물로서는 가장 큰 2.6미터나 되었으며 몸무게는 약 7톤 정도였다.

거대한 볏과 뿔을 가진 공룡
토로사우루스

- 이름 : 토로사우루스, '황소 파충류'를 의미
- 분류 : 조반류 공룡
- 연대 : 7100만 년 전 ~ 6500만 년 전
- 크기 : 길이 8미터
- 식성 : 초식성
- 화석 발견지 : 북아메리카

최고의 갑옷으로 무장한 공룡
안킬로사우루스

- 이름 : 안킬로사우루스, '뻣뻣한 파충류'를 의미
- 분류 : 조반류(안킬로사우리아) 공룡
- 연대 : 7100만 년 전 ~ 6500만 년 전
- 크기 : 길이 9 ~ 10미터
- 식성 : 초식성
- 화석 발견지 : 북아메리카

안킬로사우루스는 갑옷공룡들 중 가장 완벽한 방어용 몸통을 가지고 있으며 최고의 포식자인 티라노사우루스의 공격도 방어할 수 있다. 크기에 비해 상당히 육중하여 몸무게는 약 7톤이며 육중한 몸무게 탓에 높은 곳의 식물보다는 낮은 곳의 식물을 먹고 살았다. 강력한 뒷다리와 꼬리 근육을 이용해 휘두르는 곤봉꼬리는 큰 공룡들의 다리뼈도 부술 수 있는 강력한 무기였다.

공룡중의 공룡
티라노사우루스

- 이름 : 티라노사우루스, '무시무시한 파충류'를 의미
- 분류 : 수각류(티라노사우루스류) 공룡
- 연대 : 7500만 년 전 ~ 6500만 년 전
- 크기 : 길이 12 ~ 14미터
- 식성 : 육식성
- 화석 발견지 : 북아메리카, 캐나다

티라노사우루스는 역사상 가장 유명한 공룡이다. 수많은 책, 영화, TV프로그램의 소재이기도 한 티라노사우루스는 자신이 살았던 대륙에서 최고의 포식자였다. 몸무게는 5톤이나 나갔으며 입을 벌리면 그 길이가 1미터가 넘었으며 한입에 70킬로그램 정도를 해치울 수 있었다. 화석에 남아 있는 이빨자국으로 볼 때 티라노사우루스들은 가끔 서로 싸웠으며, 이는 세력 다툼이었을 것이다. 이들은 북아메리카의 건조하고 광활한 대지에서 먹잇감을 사냥하였다.

작지만 유능한 약탈자
벨로키랍토르

- 이름 : 벨로키랍토르, '민첩한 사냥꾼'을 뜻함
- 분류 : 수각류(드로마에오사우루스류) 공룡
- 연대 : 8000만 년 전 ~ 7000만 년 전
- 크기 : 길이 2미터
- 식성 : 육식성
- 화석 발견지 : 아시아

벨로키랍토르는 몸집이 작고 가벼웠으나 재빨리 달리고 뛰어오를 수도 있어서 자신보다 몸집이 더 큰 먹잇감도 발톱을 쭉 펴고 달려들어 할퀴어 심각한 상처를 입히는 방법으로 사냥했다.

오리 주둥이의 마지막 공룡
아나토티탄

- 이름 : 아나토티난, '큰 오리'를 의미
- 분류 : 조반류(하드로사우루스류) 공룡
- 연대 : 7100만 년 전 ~ 6500만 년 전
- 크기 : 길이 12미터
- 식성 : 초식성
- 화석 발견지 : 북아메리카

아나토티탄이 호숫가에서 물을 마시고 있다. 아나토티탄은 하드로사우루스류 혹은 오리주둥이 공룡들 중 가장 커다란 종이다. 이들은 대개 무리를 지어 생활하며, 로라시아 대륙에서 가장 성공한 공룡 집단이다.

공룡 대탐험

- 초판 1쇄 발행 | 2009년 2월 10일 / • 초판 3쇄 발행 | 2012년 5월 20일 / • 글·그림 | 신성아뜰리에
- 펴낸곳 | 아이템북스 / • 펴낸이 | 박효완 / • 등록번호 | 제2-3387호 / • 등록일 | 2001년 8월 7일
- 주소 | 서울 마포구 서교동 444-15 • 전화 | 02-332-4337

※ 잘못된 책은 교환해 드립니다.